Lieutenant-Colonel MAGNIN

Campagne du Tadla

(MAROC)

Février 1913 à Juillet 1913

CAUSERIES TACTIQUES

> L'offensive est la seule manière de vaincre; elle impressionne l'ennemi, diminue les pertes et assure le succès.
>
> Les appelés du service à court terme se battent comme des vieilles troupes, s'ils sont bien commandés et ont confiance en leurs chefs.

PARIS
HENRI CHARLES-LAVAUZELLE
Éditeur militaire
10, Rue Danton (Boulevard St-Germain, 118)
MÊME MAISON A LIMOGES
—
1913

Lieutenant-Colonel MAGNIN

Campagne du Tadla

(MAROC)

Février 1913 à Juillet 1913

CAUSERIES TACTIQUES

L'offensive est la seule manière de vaincre; elle impressionne l'ennemi, diminue les pertes et assure le succès.

Les appelés du service à court terme se battent comme des vieilles troupes, s'ils sont bien commandés et ont confiance en leurs chefs.

PARIS
HENRI CHARLES-LAVAUZELLE
Éditeur militaire
10, Rue Danton (Boulevard St-Germain, 118)
MÊME MAISON A LIMOGES

1913

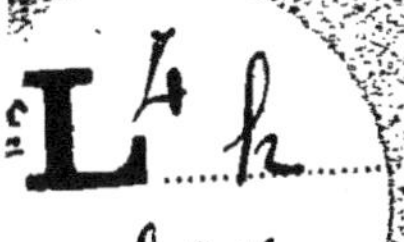

CAMPAGNE DU TADLA

(MAROC)

CAUSERIES TACTIQUES

AVANT-PROPOS

Venu au Maroc pour faire de la tactique pratique, après un cours au centre des hautes études militaires, que je désirais compléter par des enseignements pris sur le vif, j'ai eu la chance de prendre part, dès le début, à la colonne du Tadla.

Pendant plus de quatre mois, au cours de dix-huit combats, je me suis efforcé de mettre au point les procédés de marche et de combat employés ici et me suis rendu compte qu'ils dérivaient nettement, après adaptation, des principes de la guerre applicables partout.

J'ai pensé qu'il était peut-être bon de le dire et qu'il y avait lieu d'en tirer des leçons utiles, à une époque où une longue période de paix rend difficile l'expérience personnelle.

D'autre part, la suite des événements étant assez peu connue, j'ai fait précéder ces causeries par un historique succinct des opérations de cette campagne.

Au contact des troupes de toutes origines qui

forment le corps d'occupation composite du Maroc oriental, j'ai vu à l'œuvre le soldat français, et en particulier nos appelés, chasseurs à pied et zouaves.

Leur jolie vaillance, leur belle tenue au feu et leur endurance m'ont rassuré sur l'avenir.

C'est avec une joie profonde que j'ai constaté ces admirables qualités de notre race chez nos jeunes soldats, au cours des circonstances les plus critiques.

J'en emporte l'ardente conviction que demain, sur les plateaux lorrains, notre armée nationale, composée de cette belle jeunesse, saura « forcer la victoire ».

Si cette guerre coloniale ne peut pas, à elle toute seule, faire des grands chefs, elle doit, en tout cas, nous faire de remarquables cadres.

Le danger supporté et accepté, les privations endurées en commun, le contact constant avec le soldat, le sentiment des responsabilités librement envisagées élèvent l'âme, donnent la confiance en soi-même et en la troupe.

Ils développent singulièrement l'esprit de solidarité et l'audace des décisions et des initiatives.

Et c'est pourquoi j'estime qu'il serait bon, si une formule heureuse pouvait être trouvée, de faire passer par le Maroc le plus grand nombre possible d'officiers de la métropole, sur l'esprit militaire desquels cette vivifiante épreuve serait du meilleur effet.

Ce serait une véritable école pour la pratique de la guerre.

La présence de troupes métropolitaines et le service des officiers de réserve ont fait de la conquête du Maroc une guerre populaire.

Nombreux sont les foyers dont l'un des enfants lutte sur le sol marocain, pour la plus grande France.

L'âme du pays s'est prolongée jusqu'ici et y vibre aux succès comme aux tristesses.

Nos êtres chers nous reviennent fiers du glorieux labeur accompli; quelques-uns, hélas! sont tombés et arrosent de leur sang cette terre devenue française.

Mais ces heures de gloire, ces larmes versées ont remué le vieux fonds d'idéal qui sommeillait en France.

Il se passe dans notre cher pays quelque chose de nouveau; comme jadis, les fils de France relèvent la tête et sentent qu'il y a quelque chose de plus précieux que la vie.

Et l'on peut se demander, devant ce joyeux réveil, si cette expédition du Maroc n'est pas venue à son heure et si elle n'est pas intervenue, pour une large part, dans les impondérables qui ont donné leur magnifique empreinte à la génération nouvelle.

J. M.

RÉSUMÉ DES ÉVÉNEMENTS

DE LA COLONNE DU TADLA

La pacification de la Chaouïa avait conduit en 1912 la frontière aux confins des territoires de Ben-Ahmed et de Settat.

Mais les tribus turbulentes du Tadla n'avaient cessé de menacer les tribus ralliées.

En septembre 1912, une forte harka avait saccagé El-Boroudj, menacé Guisser et razzié les Ouled-Parès de Ben-Ahmed, récemment soumis.

En octobre de la même année, tandis que la colonne Mangin s'élançait sur Marrakech, la colonne Gueydon, chargée de contenir pendant ce temps les tribus dissidentes, s'était porté sur El-Boroudj et avait eu un sanglant accrochage à Termast.

Le général commandant les troupes d'occupation s'était porté, le 23 octobre, sur El-Boroudj, en vue d'étudier la question, la situation internationale ne permettant pas, pour le moment, une action de guerre importante au Maroc.

Il était entré en pourparlers avec le marabout de Boujad qui s'était offert à lui amener les tribus du Tadla nord et à faciliter une entente avec les Beni-Amir et les Beni-Moussa.

La création d'El-Boroudj était décidée, et, au cours de la tournée des Zaërs, celle de l'oued Zem; il était procédé en outre à l'organisation provisoire des Beni-Khirane, Smaala et Ourdigha.

***

Mais la création du poste de l'oued Zem avait suscité un vif mécontentement chez les dissidents, en particulier chez les Aït-Roboa et les Chleuhs.

Toutes ces tribus pillardes, dont l'habitât d'hiver et de printemps est sur les pâturages de la rive droite de l'oum Er-R'bia, avaient vu d'un œil irrité les Français s'établir en ce point.

Chaque année, en effet, à pareille époque, les tribus, dans l'oisiveté de la vie pastorale, avaient l'habitude d'organiser des expéditions de brigandage, dont la grasse Chaouïa avait été presque toujours la victime.

En raison de notre proximité de la côte des débuts, notre établissement au Maroc avait peu souffert jusque là de la répercussion de ces incursions; mais il était évident que notre poussée vers l'intérieur nous amènerait fatalement à intervenir.

Le pillage des Ouled-Parès cité plus haut avait fort impressionné nos tribus soumises, qui réclamaient notre appui.

Le poste de l'oued Zem était une protection et une menace; il était inévitable qu'il serait attaqué.

Dès le 26 décembre 1912, les tribus dissidentes, établies sur leurs pâturages d'hiver, commencèrent à venir tirailler sur le poste.

Leurs campements, sur un périmètre d'une journée de marche environ, leur permettaient l'insulte quotidienne de groupes de plus en plus nombreux.

Malgré que le marabout de Boujad, gagné à notre cause,

employât son influence à calmer les esprits, les Tadla et les Beni-Zemmours, poussés par Moha-ou-Saïd, cherchaient à détacher de nous les tribus récemment soumises.

Un sourd malaise s'étendait en arrière du poste chez les Smaala, Ourdigha, Beni-Khirane, et de nombreuses défections, surtout chez les Smaala, semblaient imminentes.

En vue de rassurer nos tribus encore fidèles et de raffermir leur loyalisme chancelant par la vue de notre force, le commandant de la région, le colonel Simon, constituait une colonne d'observation, la colonne de Ben-Ahmed, et venait de sa personne à l'oued Zem, pour examiner et rétablir la situation politique compromise.

Le service des renseignements de *l'oued Zem* sentait en effet le terrain lui manquer sous les pieds, et le marabout faisait connaître qu'il était débordé et qu'il ne répondait plus de nos tribus, les Smaala, en particulier, qui pactisaient ostensiblement avec les dissidents.

Bientôt, les événements se précipitent.

Le 28 février, le colonel Simon, se rendant compte qu'il fallait agir, fait venir aux Ouled-Abdoun la colonne de Ben-Ahmed et appelle le lieutenant-colonel Magnin, commandant du cercle de Settat, pour en prendre le commandement, se réservant la direction de l'ensemble de la politique. La colonne doit se porter le 2 mars sur l'oued Zem.

Mais le soulèvement général s'est déclanché encore plus vite.

Le 2 mars, en arrivant à hauteur de Biar-Mezouis, chez le caïd Omar des Ouled-Brahim, un des rares restés fidèles, le lieutenant-colonel Magnin entend le canon du poste et s'y porte avec la colonne.

Il se heurte, à mi-chemin, à de forts contingents tadla et smaala, qu'il disperse après un vif engagement.

Le 3 mars, manœuvrant en coopération avec le poste, il refoule le gros des forces dissidentes qui voulaient en faire l'investissement.

Le 5 mars, le colonel Simon emmène toutes ses forces à Biar-Mezouis, où il établit son camp, en vue d'être à distance de manœuvre et de pouvoir agir suivant les circonstances.

Il demande d'urgence des renforts à l'arrière.

Le 15 mars, gardant un bataillon et une section de 75 pour assurer la sécurité du camp, il envoie le lieutenant-colonel Magnin, avec deux bataillons et une batterie de 75, conduire à l'oued Zem quelques approvisionnements.

Au moment où ce détachement atteint la dechra des Beni-Smir, le lieutenant-colonel Magnin aperçoit des masses considérables qui, venant du nord-est et du sud-est, se dirigent rapidement vers Biar-Mezouis, gardé par un seul bataillon.

Il s'agit d'arriver à temps pour éviter à ce bataillon d'être enlevé. La colonne est orientée aussitôt vers le camp et reçoit, sur les hauteurs de Coudiat-er-Rih, l'attaque de toute la harka des Tadla, qui s'est détournée sur lui.

Après trois heures et demie de violent combat, la harka dissociée s'enfuit dans toutes les directions.

Mais les renforts arrivent enfin avec le colonel Gueydon. Le colonel Simon dispose ses troupes en deux groupes (1er groupe, Magnin ; 2e groupe, Gueydon) et se met en marche toutes forces réunies, le 18 mars, sur les campements ennemis qui lui ont été signalés.

Il surprend, le 18, les campements smaala à Mohammed-Lebsir; le 19, à Sidi-Zari et Si-Hamza, les campements beni-zemmours et tadla, et traverse le 20, à Mohamed-en-Nefati, les campements tadla évacués en hâte. Il razzie au passage la dechra des Beni-Hassane dissidents et rentre le 21 à Biar-Mezouis.

Bien que les leçons infligées aux Marocains, depuis le début des opérations, par le colonel Simon aient été rudes, le Résident jugeait qu'elles n'étaient pas suffisantes et voulait frapper un grand coup. Des forces plus importantes étaient réunies.

Toutefois, les opérations pouvant durer plusieurs mois, le commandant de la région chaouïa ne pouvait pas rester plus longtemps éloigné de son commandement et était remplacé à la tête des troupes par le colonel Mangin, disponible.

A la prise de commandement, la situation était la suivante :

Le mouvement des soumissions s'était arrêté ; Mouha ou Hamou (le zaiani), les Beni-Zemmours, les Smaala restaient en état d'hostilité complète.

D'autre part, les contingents des Beni-Amir et des Beni-Moussa se rassemblaient au sud-ouest de l'oued Zem, prêts à nous attaquer.

A partir de ce moment, les opérations vont prendre une intensité décisive :

Dans la nuit du 25 au 26 mars, le colonel Mangin porte sa colonne sur Botmat-Aïssaoua, surprend le zaiani le 26 le défait et l'oblige à repasser l'oued Grou.

Du 27 au 30, il stationne à Dechra-Braksa, exerçant une pression rigoureuse sur les Smaala, et, le 31 mars, se relie avec le groupe mobile du lieutenant-colonel Maurial, venu de Christian vers Jarah, recueillant par cette action combinée la soumission des Smaala.

Le Tadla nord était remis en main; restait la question des Aït-Roboa et des Benin-Amir.

Le 7 avril, par surprise, le colonel Mangin se porte sur Moha-ou-Saïd et lui inflige, à Kasbah-Tadla, une sanglante défaite, lui prenant 15.000 moutons, un étendard, ses bagages, sa correspondance, et le poursuivant sans merci jusqu'à Mechra-Nefad.

Le 10 avril, la colonne se porte contre Abdallah-ben-Djabeur, qui avait réuni une forte harka de Beni-Amir et de Beni-Moussa, et le défait complètement à Kasbah-Zidania.

Le 11, par une pointe hardie vers le sud-est, les Aït-Roboa, qui s'étaient reformés, sont dispersés au combat de Beni-Mellal.

Le 12, la colonne repassait l'oum Er-R'bia à Kasbah-Zidania, repoussait victorieusement les groupements dissidents à Dechra des Beni-Amir et rentrait le 13 en toute tranquillité à Mohamed-en-Nefati.

Il s'agissait maintenant, prenant pour base El-Boroudj, de prendre contact avec les Beni-Moussa, tout en continuant à faire pression sur les Beni-Amir, de se relier avec le détachement du lieutenant-colonel Savy, envoyé de Marrakech pour appuyer au sud-ouest l'action du colonel Mangin.

Le 16 avril, la colonne se met en marche; elle refoule le 17, au gué de Si-Salah, l'ennemi composé de Beni-Moussa, Aït-Bouzid et Aït-Ayad, passe sur la rive gauche de l'oum Er-R'bia, et, par Dar-ould-Zidou, arrive le 19 à Dar-caïd-Embareck sur l'oued El-Abid, en face de la colonne Savy, qui n'a eu, le 17, qu'un petit engagement avec les Beni-Moussa; le contact est établi.

Le 20, la colonne Mangin rentre à Dar-ould-Zidou.

Des rassemblements étant signalés, l'un vers Sidi-bou-Brahim, au pied de l'Atas, l'autre chez les Beni-Amir, le colonel Mangin se porte, le 26 avril, entre ces deux groupements, à Aïn-Zerga, où, attaqué par un ennemi nombreux, il le repousse et le poursuit avec sa cavalerie, qui abat à coups de pointe plus de cent Marocains et ramène de nombreux prisonniers.

Le lendemain, pour punir les Chleuhs qui l'ont ainsi attaqué, et estimant que la soumission du Tadla ne peut s'obtenir qu'à ce prix, il se porte sur Sidi-bou-Brahim, où la harka en fuite s'est reformée, et la met hors de cause dans les chauds et brillants combats des 27, 28 et 29 avril et dans les combats de nuit du 28-29 avril.

Le 30 avril, la colonne se porte sur Aïn-Zerga, et, par Kasbah-Zidania, arrive, le 5 mai, à Kasbah-Tadla.

Les résultats acquis pendant cette période étaient les suivants : la région oued Zem - El-Boroudj était définitivement dégagée; les Beni-Amir ralliés; les Beni-Moussa se donnaient à nous; toute la rive droite était désormais soumise; le passage de Kasbah-Tadla était fortement occupé.

Toutefois, les soumissions des Aït-Roboa se faisant longues à venir, entravées par Mouha-ou-Saïd, réfugié avec eux dans les montagnes, le colonel Mangin recevait l'ordre d'aller surprendre ce chef de guerre dans son repaire voisin de Ksiba, en plein Atlas, et de lui infliger une sévère leçon.

Le 8 juin, à minuit et demie, la colonne se met en marche, entre en montagne à Rorhm-el-Alem, au petit jour, avec toutes ses forces, et pousse une colonne légère, le groupe Magnin, par Ksiba et Tersift, sur la kasbah de Mouha-ou-Saïd, qui est incendiée et détruite.

Le 10, pour punir les gens de Ksiba qui ont traîtreusement assailli nos cavaliers le 8, le colonel Mangin se porte avec toute sa colonne sur Ksiba, qu'il détruit de fond en comble, infligeant des pertes cruelles aux Chleuhs qui accourent de toutes parts en masses épaisses.

Le 10 au soir, la colonne descend en plaine à Taghzourt et rentre le 11 à Kasbah-Tadla, laissant dans la stupeur la montagne jusqu'ici inviolée.

La fin de juin et le début de septembre étaient consacrés à terminer l'organisation du territoire qui devenait un cercle autonome, le cercle de Kasbah-Tadla, comprenant toutes les tribus de la rive droite, y compris les Beni-Amir et les Beni-Moussa.

Les derniers éléments de la colonne disloquée étaient rentrés dans leurs garnisons respectives vers le milieu de juillet.

SOMMAIRE

CAMPAGNE DU TADLA

(MAROC)

CAUSERIES TACTIQUES

I

LA QUESTION DU TADLA

Devait-on ou non faire le Tadla ?

La question ne se pose pas ; c'était une fatalité inéluctable qui devait découler d'un enchaînement de circonstances dont nous n'étions pas maîtres.

Elle découle *directement* de la création de l'Oued-Zem.

Etait-ce une erreur de créer l'Oued-Zem ? Evidemment non. Puisque le marabout de Boujad avait fait venir à nous les populations du Tadla nord, Beni-Khirane, Smaala, Ourdigha, il fallait créer un poste pour les protéger, de même qu'il fallait que ce poste ne soit pas éloigné de Boujad, séjour du marabout, pour lui assurer la sécurité. Il répondait aux nécessités du moment.

De plus, à une étape des campements d'hiver que les Tadla de la rive gauche et les Chleuhs viennent prendre avec leurs troupeaux, il constituait une menace, et il était normal qu'il fût attaqué par toutes ces tribus turbulentes qui ne voulaient l'autorité de personne.

Sa création s'imposait cependant, puisqu'en *menaçant* avec El-Boroudj les campements d'hiver des tribus, il assurait la sécurité des populations soumises. C'était de la protection indirecte. Il ne faut pas oublier qu'en 1912, l'année précédente, la grosse harka, constituée par les tribus tadla et chleuhs sur la rive droite, avait pillé El-Boroudj, razzié les Oulad-Farès de Ben-Ahmed, menacé Guicer, et que l'on avait tremblé à Settat, et même à Casablanca.

Oued-Zem devait donc fatalement être attaqué. Ce n'était toutefois qu'un poste de transition ; à partir du moment où nous étions attaqués, il fallait riposter plus loin, parce que chaque année, les harkas, comme toutes les années précédentes, depuis l'époque des sultans, avaient pris l'habitude d'aller *s'approvisionner* sur le riche pays chaouïa.

Le point sensible où il fallait frapper, c'était *Kasbah-Tadla.*

Kasbah-Tadla, en effet, est le centre politique et économique du Tadla; c'est un immense grenier à grains, c'est là que se font les grands marchés de céréales; c'est un centre d'achat de bestiaux, c'est là que se traitent les affaires; c'est le seul point où il y ait un pont. Or, l'Oum-Er-Rébia, rivière torrentueuse et difficile, pleine de tourbillons et de rapides, a bien des gués où peuvent passer les chevaux et les bœufs, mais où ne peuvent passer les quelques 200.000 à 300.000 moutons qui, chaque année, font la transhumance entre le Tadla rive gauche, terrain de céréales et la montagne, d'une part; et la rive droite, terrain des pâturages, d'autre part.

L'hiver, tout le monde, Aït-Roboa, Beni-Moussa, Beni-Amir, Chleuhs, va sur la rive droite avec les troupeaux; l'été, quand la rive droite est brûlée par l'ardent soleil, les troupeaux remontent en montagne, aussi bien ceux des gens de la plaine que ceux des Berbères.

Kasbah-Tadla commande le passage du pont. Sa possession assure à qui l'occupe la domination de la région. Pour passer il faut montrer patte blanche.

Il fallait donc aller à Kasbah-Tadla.

Fallait-il y rester, et se borner *à la rive droite du fleuve?*

Comme je viens de l'exposer, les Chleuhs, les Aït-Roboa, les Beni-Amir et les Beni-Moussa ont des intérêts communs qu'il est impossible de dissocier; les Chleuhs de la montagne ont des biens en plaine, ils y ont même des silos; les gens de la plaine ont des biens et des silos en montagne; les populations sont parfois complètement mélangées; enfin, les Aït-Roboa, les Beni-Amir et les Beni-Moussa sont à cheval sur le fleuve, possesseurs ainsi de terrains de culture rive gauche et de pâturages rive droite.

Il est donc impossible de fixer comme frontière l'Oum-Er-Rhebia.

Il faut donc aller au pied des montagnes.

Mais alors, les tribus soumises, en butte, sans défense, aux incursions des gens de la montagne, finiront par entrer en dissidence.

On en arrive à ce vieil axiome : « Qui tient la montagne tient la plaine ». On devra donc, dans un laps de temps assez court, aller chez les Chleuhs du moyen Atlas et leur imposer notre loi.

Les Berbères, en effet, en interdisant l'accès des montagnes à tous les troupeaux des Tadla sud et nord, bien plus riches en troupeaux que les Chleuhs, rendront la vie impossible à nos tribus ralliées, et il faudra bien leur rendre leurs terrains de parcours d'été sous peine de les voir nous « lâcher ».

Comment devra-t-on aborder l'Atlas?

La meilleure manière de faire tomber le moyen Atlas, en face du Tadla, semble bien de l'aborder de Bezou, par la relativement large vallée de l'oued El-Abid, qui fera tomber successivement, en les prenant par derrière, les résistances des Beni-Mellal, Aït-Attab, etc.

On conçoit bien l'offensive d'une ou de plusieurs colonnes remontant l'oued El-Abid, chacune suffisamment forte pour se suffire à elle-même, l'offensive de chacune facilitant la marche de la voisine, et le ravitaillement se faisant par convois perpendiculaires portant de gros centres de ravitaillement créés sur l'oum Er-R'bia, Kasbah-Tadla et autres, et apportant par les différents cols de Sidi-Bou-Brahim, Beni-Mellal, Rhorm-El-Alem, les ravitaillements aux troupes. Celles-ci, allégées des gros convois habituels, prendraient une rapidité et une mobilité qui assureraient vite le succès.

***

On reproche à la colonne Mangin ses pertes considérables.

Mais ne sait-on pas, au Maroc, que, plus on approche de la montagne, plus les populations sont guerrières ?

Les politiciens en chambre peuvent critiquer, en disant qu'en allant si loin on allait tout compromettre et s'engager dans une aventure d'où l'on ne pourrait plus sortir.

Je leur réponds seulement :

« Reportez-vous à l'été de 1912, l'an dernier. Le résident est assiégé dans Fez ; la route d'étapes est coupée ; la harka du Tadla menace Guicer et Ben-Ahmed ; l'oum Er-R'bia, depuis Mechra-Ben-Abbou jusqu'à la mer, forme la frontière de la Chaouïa, frontière peu sûre, que des pillards franchissent pour molester les colons ; l'orage de El-Hiba se forme à Marrakech, on pense à étudier les défenses de Casablanca !!

» Aujourd'hui, la région de Fez est calme et prospère, elle pousse sûrement et méthodiquement ses avancées vers Taza où, d'ici peu de jours, elle donnera la main aux forces de l'Est marocain ; la région de Meknès a à peu près pacifié les Beni-M'tir ; le Zaïani sera bientôt amené à fuir ou à se rendre ; au Tadla, nous avons atteint l'Atlas, et nous maîtrisons l'oum Er-R'bia ; du côté de l'ouest, nous avons conquis l'immense région de Marrakech, organisé Mazagan, Mogador, Safi et atteint Agadir. »

Le domaine marocain a QUINTUPLÉ *en moins d'un an*, sans que les efforts fournis nous amènent à demander un homme de plus à la métropole.

Quelques mois de repos, et les troupes seront prêtes pour toutes les tâches qu'on pourra leur confier.

Le résultat n'est-il pas superbe? Nous *avons* fait notre devoir, que les organisateurs fassent le leur !!

II

STRATÉGIE. — TACTIQUE COLONIALE ET TACTIQUE TOUT COURT

GÉNÉRALITÉS.

On reproche à la guerre coloniale de fausser les idées des chefs en imposant une tactique spéciale. Il ne me paraît pas qu'il y ait eu contradiction, au cours des journées du Tadla, avec les principes de la guerre moderne. Il me paraît, au contraire, que c'est l'extention de ces principes, avec la mise au point de l'adaptation aux effectifs, à l'ennemi, au terrain, au climat.

Si nos chefs de 1870 ont été en partie cause de nos désastres, c'est parce qu'ils ont voulu appliquer contre l'adversaire européen les méthodes spéciales usitées contre l'Arabe et qu'ils n'ont pas su voir de haut, se libérer de la déformation professionnelle et refaire en sens inverse l'adaptation visée plus haut.

Il est bien évident que le maréchal Bugeaud, que l'on cite toujours en fait de guerre d'Algérie, eût été un remarquable chef sur les bords du Rhin, s'il eût vécu assez pour y exercer un grand commandement.

Ce que le haut commandement fait au Maroc, c'est éminemment de la stratégie. Stratégie faite avec des effectifs réduits, mais sur de vastes théâtres d'opérations, et dont l'effet utile, en raison de la répercussion des actions convergentes les unes sur les autres, peut devenir considérable.

Telle opération, sur tel théâtre, peut être conduite, parce qu'elle intervient efficacement pour faciliter la mission de telle colonne agissant sur le théâtre voisin; telle autre parce que, au point de vue politique, elle aura un retentissement dans tout le Maroc, pour le grand bien des colonnes engagées; sur tel théâtre, il faut stopper; sur telle autre zone, il faut tous agir d'ensemble, la main dans la main, etc., etc.

C'est cette concordance des efforts qui détermine la réalisation d'un plan d'ensemble.

C'est la combinaison des efforts isolés, mais tous orientés et marchant pour le succès d'une même idée, qui assure le succès général.

La conception et l'articulation d'un pareil plan de guerre au service d'un but politique, sur un territoire aussi vaste que le Maroc, sont nettement de la stratégie, comme je le disais plus haut.

Mais, dans tel ou tel secteur opère une colonne, agent d'exécution de cette pensée directrice.

Comment va-t-elle marcher, stationner, se battre?

III

FORMATIONS DE MARCHE

Une colonne comme celle du Tadla, même au moment où elle comptait un effectif de 6.000 hommes, n'est qu'une petite colonne; elle est isolée au milieu d'un pays hostile, il faut donc qu'elle se couvre de toutes parts.

Il en est de même en Europe, où une colonne isolée doit se couvrir autour d'elle.

Toutefois, le dispositif se présente différemment.

Le réseau routier, en Europe, est fort riche; les grosses colonnes empruntent les routes; les éléments de flanc disposent toujours d'un chemin ou sentier; le dispositif général paraît donc, dans une certaine mesure, fonction de ce réseau routier.

D'autre part, en Europe, la cavalerie, organe de sûreté, est aussi organe d'exploration. Les éléments d'infanterie du service de sûreté, certains d'être prévenus à temps, cheminent tranquillement en colonne de route. Vienne une surprise, ils ont largement le temps de prendre leur formation de combat.

Enfin, en Europe, le ravitaillement se faisant par l'arrière ou, pour les petites unités, s'assurant par les réquisitions, on n'a pas à s'embarrasser de convois encombrants avec les troupes.

Aux colonies, et au Maroc en particulier, il n'en est pas de même. C'est un lourd convoi de quatre à huit jours; des sections de munitions; tout cela à chameau; des chameaux d'allégement pour les hommes; un troupeau de ravitaillement; des formations sanitaires, etc., etc., qu'il faut traîner avec soi. Soit de 1.000 à 1.500 chameaux, un millier de mulets.

Cette masse vulnérable doit donc être couverte de tous côtés.

Comme il n'y a pas de réseau routier, et que l'on marche à travers le bled, il n'y a aucune raison pour marcher en colonne de route, qui allongerait la colonne et qui serait plus pénible à cause de la chaleur et de la poussière.

On s'avance donc par petites colonnes articulées, chacune cherchant sa voie, à grands intervalles, et suffisamment échelonnées pour se prêter un mutuel appui; toute attaque subite trouvera immédiatement la riposte prête, quoique la cavalerie ne puisse assurer le renseignement éloigné et doive se borner à la sûreté immédiate.

L'ensemble forme un vaste dispositif articulé, sorte de grand rectangle au milieu duquel cheminent les réserves, l'artillerie et le convoi.

Cette formation, qui rappelle le fameux losange d'Isly, n'est que la conséquence du déploiement *en ligne de sections* par une ou par deux des fractions de l'avant-garde et de l'arrière-garde, et de la disposition sur les flancs de groupes de compagnies, en *petites colonnes successives*, ayant, outre la mission d'assurer la sécurité des flancs, celle de maintenir, quoi qu'il arrive, la liaison, le contact tactique entre l'avant-garde et l'arrière-garde.

Comme l'on n'a en face de soi qu'un adversaire ne possédant pas de canon, il suffit que les fractions de l'avant-garde, de l'arrière-garde et des flancs-gardes soient à une distance telle du gros que les coups de fusil qui leur sont destinés n'aillent pas atteindre le convoi.

On peut se rendre compte, d'après ce petit exposé, de la superficie approximative couverte par une telle formation.

Mais, dira-t-on, cette formation sera rigide et ne se prêtera pas à la manœuvre ! Nullement; elle est très maniable et répond fort bien à toute éventualité dans les plaines de la Chaouïa et du Tadla : parce qu'elle est articulée en groupes ayant au besoin leur indépendance propre.

L'articulation suivante avait donné de bons résultats, par exemple :

A) *Groupe de tête.*

3 bataillons, 2 batteries, sous un seul chef :

1 bataillon, 1re ligne; 2 compagnies échelonnées de chaque côté, couvrant les flancs et reliant aux flancs-gardes du convoi; 1 bataillon en réserve.

B) *Convoi.*

1 bataillon du groupe de queue, sous un seul chef :

Encadré (à distance tactique) par 1 bataillon du groupe de queue; 1 compagnie sur chaque flanc, 2 en arrière.

C) *Groupe de queue* (moins un bataillon).

2 bataillons, 1 ou 2 batteries, sous un seul chef :

1 bataillon en arrière-garde; 2 compagnies échelonnées reliant aux flancs-gardes du convoi; 2 compagnies en réserve.

Lorsque le *groupe de tête* trouve devant lui une résistance opiniâtre, il se déploie automatiquement en élargissant son front et diminuant sa profondeur de marche. Parfois, le front peut prendre une extension de 2.000 mètres minimum.

On peut risquer une pareille extension de front, puisqu'on a affaire à un adversaire qui n'a ni l'ordre ni la conception d'une attaque en masse pouvant crever ce front, pratiquement inviolable.

Le *convoi,* lui, serre le plus possible sur l'axe de marche et se met, comme il peut, à l'abri d'une dénivellation de terrain (se méfier de la rasance), n'ayant comme limite que le moment où il devient trop vulnérable. La troupe chargée de le protéger prend ses dispositions pour le mettre à l'abri d'une surprise venant de l'arrière, ce qui est fréquent en pays marocain.

Le *groupe d'arrière* (reste du groupe) disponible peut être employé soit pour prolonger ou renforcer la ligne, soit pour provoquer un événement sur un flanc, comme le 17 avril : pendant que le groupe Gueydon de Dives, groupe de tête, était tout entier engagé contre les défenseurs des gués de Si-Salah (Beni-Moussa), le 1er groupe, groupe de queue, laissant 2 bataillons à la garde du convoi, fut lancé avec le bataillon Torlotting, son artillerie et sa cavalerie, vrai groupe de manœuvre, sur la rive gauche, et détermina la retraite de l'ennemi débordé sur sa gauche.

EN MONTAGNE.

Si, en plaine, les déploiements se font en largeur, un seul chef gardant le commandement de la première ligne, il en est tout autrement en pays de montagne, où on marche par colonnes en profondeur.

Pendant que la colonne principale et le convoi empruntent la piste principale, qui suit généralement les vallées, il faut que des colonnes flancs-gardes prennent les crêtes à droite et à gauche, ou bien, si la vallée est large, cheminent à mi-pente, assez loin de la colonne centrale pour lui assurer sa liberté d'action.

Chaque colonne doit être assez importante pour s'ouvrir seule le passage, chacune *doit avoir son chef séparé, bien au courant de la mission, avoir des liaisons bien établies,* et devant, quoi qu'il arrive, être au moins en liaison PAR LA VUE avec la colonne centrale; les trois colonnes assez fortes pour se prêter un mutuel appui.

La marche des flancs-gardes peut n'être pas rapide, il faut se règler sur elles.

Le 26 mars, à Bothmat-Aïssaoua, c'est grâce à la manière d'opérer de la flanc-garde de droite (bataillon Brunet) que la colonne a pu atteindre et surprendre les campements de Moha-Ou-Hammou, le Zaïani.

En montagne, il n'est jamais assez pris de précautions, il faut une cohésion absolue dans les groupes, des liaisons impeccables de groupe à groupe.

Lorsque ce dispositif n'est pas agencé d'avance avec une discipline très ferme, on risque toujours un accroc, comme celui qui s'est passé le 10 juin, à un autre groupe : l'enlèvement par une nuée de Chleuhs, à courte distance, d'une fraction sénégalaise.

On voit donc qu'il n'y a pas de gabarit spécial pour la guerre coloniale. Lorsqu'on est en terrain plat et découvert, en pays hostile, sans prévoir spécialement de direction d'attaque, il est rationnel de marcher en carré.

Vienne une modification de la situation, elle influe aussitôt sur la répartition des forces, en vue de répondre à la réalisation de ces deux objectifs ;

1° Attaquer l'ennemi avec le maximum de forces disponibles ;

2° Conserver, quoi qu'il arrive, des dispositions permettant de n'être vulnérable nulle part.

En pays tranquille, si l'on a la chance de trouver une piste, la colonne de route, comme en France, s'impose d'elle-même, en articulant les unités.

IV

DE LA MARCHE ET DU COMBAT

La marche à l'attaque convient mieux au caractère français; elle impressionne l'ennemi, qui précipite son tir et se désoriente en voyant qu'il ne retarde aucunement l'approche; elle diminue les pertes en rendant le tir adverse moins efficace; elle assure le succès.

Lorsque l'ennemi essaie de résister, il n'y a qu'à pousser ferme, il ne tient pas.

Mais, avec les petits effectifs des colonnes qu'on lui oppose, il ne se contente pas généralement d'attaquer le front; il essaie d'accrocher les flancs et les derrières.

Or, le devoir d'un chef d'arrière-garde, si le commandant de la colonne s'est fixé un objectif souvent lointain, c'est justement de ne pas se laisser accrocher et de ne pas perdre de temps.

Allons-nous laisser le chef de l'arrière-garde, comme il est prescrit dans les règlements, combattre par échelons.... échelons de sections, de compagnies, de demi-bataillon?

Mais alors, ces échelons qui tirent, pendant que d'autres marchent, vont diminuer de moitié la vitesse de l'arrière-garde, et par conséquent obliger le commandant de la colonne à ralentir, *contre son intention première*.

C'est justement ce que désire l'ennemi, nous ralentir, pour permettre aux tribus que l'on veut punir de mettre tous leurs biens en sûreté.

Non; ce qu'il faut comprendre, ce n'est pas le jeu des échelons d'infanterie, mais bien les échelons d'armes montées; artillerie de 75 ou mitrailleuses de cavalerie. Il est déplorable que les mitrailleuses de cavalerie aient été retirées du Maroc après un essai trop hâtif; elles auraient rendu de précieux services en ce pays où l'ouverture du feu doit être presque toujours instantanée et où le transport rapide d'un feu violent de mousqueterie eût obtenu souvent des résultats décisifs.

L'économie du système est la suivante : la dernière ligne d'infanterie de l'arrière-garde marche sans s'arrêter; l'artillerie et les mitrailleuses gagnent sur elle et se mettent en batterie, se laissent rejoindre et ouvrent un feu à toute vitesse sur l'ennemi poursuivant; l'infanterie fait demi-tour, tout entière, perd une demi-minute à vider un magasin par un feu rapide; et la marche continue pour recommencer plus loin, si l'ennemi devient pressant. Au bout de deux ou trois ripostes de cette nature, les assaillants deviennent vite prudents et hésitent à mordre, surtout s'ils ont subi une ou deux fois des contre-attaques à la baïonnette succédant au feu rapide indiqué plus haut.

C'est grâce à la belle tenue des compagnies Requiston et Breton du 4e zouaves, avec le commandant Brunet, que, le 15 mars, la grosse harka du Tadla, qui s'était précipitée en rase campagne sur la colonne J. Magnin, fut obligée d'abandonner l'attaque, devant les fortes pertes que lui avaient fait subir les contre-attaques acharnées à la baïonnette et le tir rapide des mitrailleuses.

Pendant les journées de Ksiba, où le 75 avait été

renvoyé à Kasbah-Tadla, nous ne disposions que du canon de 65 à mulet ou des mitrailleuses d'infanterie; l'impossibilité de jouer de ces armes comme échelons rapides a été une grosse gêne dans les combinaisons du commandant d'arrière-garde.

V

DES RUPTURES DE COMBAT

La rupture de combat est la chose la plus délicate qui soit. On a obtenu le résultat cherché; on veut s'en aller sans être accroché et sans rien laisser entre les mains de l'ennemi qui rameute cependant de partout.

On y arrive par le jeu raisonné des trois armes, en particulier de l'artillerie. C'est une manœuvre; cela se combine comme un engagement et doit être mené avec une grande activité pour réussir.

Il s'agit de laisser l'ennemi s'engager à fond, puis de riposter violemment par un tir à toute vitesse et une contre-attaque à la baïonnette vigoureuse, *mais limitée*; et, tandis que l'ennemi reprend ses esprits après ce violent coup droit, on s'échappe lestement.

Avec les Marocains, le grand art est de les impressionner assez pour qu'ils n'osent plus poursuivre; on se replie sur une victoire.

Le 28 avril, à Sidi-Bou-Brahim, le colonel Mangin, sur les crêtes, amorce une attaque en masse des Chleuhs, puis, quand ils sont groupés pour la ruée finale, les reçoit par un tir foudroyant d'artillerie, de mitrailleuses et d'infanterie, et lance contre eux une violente contre-attaque à l'arme blanche qui les rejette de l'autre côté de la vallée.

Les troupes se replient tranquillement, et le départ du lendemain, pour rentrer à Aïn-Zerga, se passe sans un coup de fusil.

Le 10 juin, le 1er groupe, sur les crêtes de la falaise au sud de Ksiba, lutte depuis trois heures contre les Chleuhs qui descendent en foule des montagnes; la rupture du combat n'est pas commode, il faut, pour redescendre en plaine, se laisser glisser sur un contre-bas de 60 mètres par un sentier de chèvres; partout ailleurs c'est le roc à pic. Il faut gagner le temps nécessaire.

Sur l'annonce de l'arrivée d'une nouvelle colonne de 3.000 Chleuhs, le groupe marque un mouvement en arrière, puis se précipite en avant à la baïonnette; les Chleuhs perdent beaucoup de monde et se sauvent en désordre jusqu'aux montagnes.

On peut faire descendre l'artillerie de 65, l'ambulance et les compagnies qui doivent former le repli en plaine; le convoi est déjà descendu.

Mais la poussée adverse se fait à nouveau sentir; le feu rapide et les contre-attaques se précipitent. Lorsque le repli en plaine est formé, prêt à saisir sous son feu l'adversaire arrivant à son tour sur la crête, l'ordre est donné aux trois compagnies restantes d'ouvrir un feu à toute vitesse et de se jeter sur les pentes en se laissant dévaler jusqu'en bas, laissant la crête libre pour le feu des replis. L'opération réussit, tout le monde regagne la plaine sans qu'un homme soit abandonné, et les Chleuhs qui se jettent à la poursuite sont écrasés de feux et arrêtés net.

Dans l'emploi des feux, il n'y a pas de gabarit; nous avons vu, pendant la marche de la colonne, que l'emploi des échelons d'infanterie ne s'imposait pas; au contraire, dans un combat sur place comme celui du 1er groupe à Ksiba, le mutuel appui des unités d'infanterie agissant par échelons donna d'excellents résultats.

VI

DES LIAISONS

Dans les combats, avec des ennemis aussi mobiles que les Marocains ou les Chleuhs, la transmission des ordres doit être immédiate.

Il faut que la liaison soit constante, non seulement par la vue, mais par le contact tactique, c'est-à-dire que toute troupe soit en état non seulement par son feu, mais aussi par son intervention matérielle, de soutenir la voisine.

Il faut donc un luxe considérable d'agents de liaison. Quel qu'en soit le nombre, il n'y en a jamais assez.

Les fronts sur lesquels souvent un groupe s'engage vont parfois jusqu'à 2.000 mètres ; il n'y a pas d'agent de liaison qui puisse faire cela à pied, puisque, de plus, les Marocains agissent soudainement et que la riposte doit être presque instantanée.

Le commandant et ses agents doivent donc rester à cheval, quelque contraire que ce soit aux prescriptions du règlement de France, et les agents de liaison sont constamment au galop pour la transmission des ordres. Rien de tout cela n'infirme les prescriptions d'Europe ; c'est la simple adaptation aux exigences spéciales du combat. Il y a bien quelque casse d'agents de liaison (un sous-officier a été blessé grièvement, et trois chevaux ont été tués chez les agents de liaison du 1er groupe, le porte-fanion a eu quatre balles dans ses burnous) : c'est un mal moindre qu'un engagement d'une unité dans de mauvaises conditions.

VII

POLICE DE LA MARCHE

La condition primordiale à exiger étant la cohésion, il importe qu'aucun élément, aucun isolé, sous quelque prétexte que ce soit, ne reste à la traîne. Il importe surtout qu'aucun cadavre, aucun trophée ne restent entre les mains de l'ennemi.

Le 1er groupe étant particulièrement gymnastiqué dans ce but, lorsqu'il était groupe de queue, chaque élément était responsable de tout ce qui était resté en arrière de l'élément précédent : chameaux, charges tombées, mulets débâtés, traînards; il devait aider à les faire rejoindre, comme s'il était seul et fermait la marche. Comme, derrière le convoi, tout ce qui restait à la traîne trouvait plusieurs cribles successifs, en fin de compte, lorsque le dernier élément arrivait, sa tâche était assez réduite, et la marche n'était pas ralentie.

Un chameau tombé, un mulet débâté trouvaient d'abord les compagnies du bataillon chargé du convoi, puis les compagnies de réserve de groupe, puis les réserves de l'arrière-garde, puis la dernière ligne de l'arrière-garde, enfin la cavalerie.

Un homme fatigué trouvait auprès de chaque unité une aide, jusqu'au moment où, à la queue de la colonne, il était recueilli par un cacolet si le médecin le jugeait utile.

Le service de santé était organisé, pour ce faire, d'une façon fort judicieuse. L'ambulance proprement dite marchait avec le convoi. Le relais d'ambulance marchait avec les réserves de groupe, les mulets de cacolets du bataillon de queue étaient augmentés, et, sous les ordres du médecin de ce bataillon, répartis à grands intervalles, occupant tout le front, formant comme un râteau tout près des fractions déployées de queue.

Traînards, malades, blessés, restés en arrière étaient aussitôt relevés et conduits à l'ambulance, tandis que le relais envoyait des cacolets pour remplacer les cacolets manquants à la queue de la colonne.

Lorsqu'il y avait une grosse casse à prévoir, un certain nombre de chameaux vides étaient mis à la disposition du service de santé et servaient à porter les blessés légers, les hommes malades ou les morts, libérant les cacolets et les litières pour les grands et moyens blessés.

Pour la cavalerie de l'arrière-garde, le relèvement des blessés était plus délicat, puisqu'elle ne dispose d'aucun organe de transport, mais les Algériens et les Marocains sont très habitués à se suffire à eux-mêmes et apportent leurs blessés en croupe ou en travers de la selle.

Quant aux mercantis qui, par leur marche désordonnée, peuvent constituer une entrave à l'emploi des troupes ou des feux, ils étaient avisés que, s'ils ne se tenaient pas en groupe, en ordre, à la place indiquée, sous la direction des gendarmes, leur présence sur l'axe des objectifs ne serait nullement un empêchement au tir, qu'on tirerait dans le tas. Ils en comprenaient la nécessité et gardaient un ordre remarquable.

VIII

STATIONNEMENT

C'est toujours le même principe : tenir le gros, convoi, ambulance, armes montées, réserves, tout ce qui est vulnérable, à l'abri des feux. Il est impossible, comme en Europe, de disposer des éléments en profondeur permettant d'amortir de loin l'intensité d'une attaque et laissant ainsi au chef la libre disposition du gros de ses forces. D'autre part, il faut être couvert de partout. La protection qu'on ne peut demander à la distance, il faut la demander au terrain, ce qui présente une difficulté très grande pour l'officier chargé de choisir l'emplacement du camp, car il y a des conditions souvent contradictoires, en particulier le voisinage de l'eau.

Ne pouvant pas répartir des éléments en profondeur, puisqu'on est vulnérable de partout et qu'il n'y a pas de route d'accès indiquée, on est obligé de s'installer en avant-postes de combat dans tous les sens, déploiement préconcu sur les crêtes d'où on pourrait tirer sur le camp, le gros occupant de préférence les vallonnements, dépressions ou thalwegs.

On augmente la ligne de résistance de ces lignes minces en se couvrant de tranchées, et, en fin de compte, le dispositif affecte sensiblement la forme d'un quadrilatère de tranchées, avec ou sans intervalles, où les unités sont déployées entières, par fractions constituées, les tentes jointives aux tranchées. A la moindre alerte, les hommes n'ont qu'à se glisser hors de la tente et sont aussitôt à leur poste de combat.

La satisfaction de ce desideratum : tenir la ligne de feux sur les crêtes et mettre le gros à l'abri dans les creux, peut amener souvent à occuper de vastes camps, au détriment de la densité de cette ligne de feux.

J'estime — quoique ce n'ait pas été généralement fait — qu'il est nécessaire de se constituer, dans l'intérieur du quadrilatère, une ou deux réserves disponibles, qu'on sera bien content de trouver, en cas de grosse attaque.

L'histoire a maintes fois prouvé qu'il ne faut pas mépriser son ennemi et que le feu de l'artillerie et le feu de l'infanterie, si violents soient-ils, n'ont pas toujours suffi pour arrêter un ennemi décidé ; il faut, si la ligne mince venait à être bousculée, pouvoir jeter dans la balance l'appoint d'une troupe compacte lancée à l'arme blanche à la contre-attaque.

C'est ainsi que nous avions organisé notre camp à Sidi-Ben-Daoud le 9 juin, pour attendre la grosse attaque de nuit des Chleuhs qui nous était annoncée : quelque violente qu'ait été l'attaque, la répartition des forces échelonnées permettait de compter sur le succès.

Toujours l'application des mêmes principes, économie des forces et, dans la mesure du possible, action en profondeur.

IX

DES PERTES

La colonne du Tadla, commencée le 26 février, sous le nom de colonne d'observation de Ben-Ahmed, pour se terminer par sa dislocation au commencement de juillet, a duré quatre mois; elle a vu 18 journées de combat, depuis le combat de Biar-Mezoui le 2 mars, jusqu'aux combats de Ksiba les 8 et 10 juin.

Le total de ses pertes est de 560 à 580 tués et blessés dont 7 officiers tués et 17 officiers blessés.

On a qualifié cette colonne de très meurtrière.

Tout n'est que question de comparaison; elle ne l'est évidemment pas, si on la compare aux terribles hécatombes des guerres d'Europe, de 1870, de la guerre des Balkans, etc...

Elle l'est, si on se place au point de vue de tacticiens coloniaux en chambre qui voudraient tout obtenir pour rien.

Tout dépend de l'ennemi, on est deux de jeu; le chef a une mission, il la remplit; si l'ennemi met de l'acharnement à ne pas céder, il y a fatalement de la casse..., c'est la guerre; nous ne faisons pas de la guerre en dentelles.

Il est un principe qui doit cependant guider le commandement supérieur dans le choix de ses objectifs : c'est de ne pas imposer à une troupe une mission pouvant la mettre en face de difficultés presque insurmontables.

Car, du chef de l'élément subordonné jusqu'au dernier soldat de 2e classe, on n'a pas à mesurer la difficulté de la tâche; face à l'objectif, chacun attaque à fond, avec l'ardente conviction qu'il renversera l'ennemi; tant pis si le morceau est trop gros, c'était au chef supérieur à ne pas l'indiquer; la troupe doit s'efforcer de l'avaler quand même.

On n'attaque pas un peu, passablement, modérément... (j'allais dire pas du tout!), on attaque tout court et tant qu'on peut!!!

Tout, dans le dosage des efforts, n'est donc qu'une question de chef; le troupier, que ce soit aux colonies ou en Europe, doit combattre à fond.

Mais dans une guerre européenne, qui revêt la forme tragique d'un grand drame national, où l'existence de la Patrie même est en jeu, la question des vies humaines n'existe plus, il faut vaincre d'abord, quelles que soient les pertes, et la lutte prend une intensité formidable. On ne peut pas attendre, tergiverser, temporiser; c'est tout de suite, c'est brutalement qu'il faut obtenir le résultat décisif dont dépend le salut. D'où ces pertes énormes résultant de la ruée de deux peuples luttant sans compter pour ne pas mourir.

La guerre coloniale est une guerre de conquête, il n'y a aucune raison vitale en jeu, on a le loisir de choisir son heure; il est donc parfaitement inutile, et même criminel au point de vue du pays, de consentir à des sacrifices qui ne sont pas indispensables, à dépenser sans une stricte économie la vie de ses enfants qu'ils nous a confiés.

L'objectif d'un chef n'est plus d'obtenir le résultat

le *plus vite possible et quand même*, mais bien de l'obtenir *au moment favorable* et avec *le minimum de pertes*.

Le total des pertes de la colonne du Tadla présenté globalement peut prêter à confusion :

Au point de vue du pour cent réel. — Si l'on étudie les rapports en fin de combat, on se rend bien vite compte que, d'une manière générale, la décision de l'attaque, les formations prises, l'efficacité et l'à-propos des feux et les effets de la manœuvre ont décidé du succès, sans grandes pertes dans chacune des rencontres. Le pour-cent, défalcation faite des *accidents* que l'on étudiera plus loin, ne dépasse pas, en moyenne, par groupe et par combat, quelques tués et une dizaine de blessés, ce qui n'est pas excessif.

Au point de vue de la valeur de la troupe. — L'étude des pertes donne clairement idée de la valeur des troupes. Voyons les deux compagnies du 4e zouaves, sous les ordres du commandant Brunet, puis, après sa blessure, du capitaine Torlotting. Ces compagnies ont passé trois mois à la colonne, pris part à tous les combats, sauf ceux de Ksiba ; elles avaient 320 hommes à l'effectif au début; elles ont eu en tout 54 hommes hors de combat, soit 1/6 : c'est gros pour un si faible effectif. Mais ces compagnies, bien commandées, bien encadrées, étaient une troupe excellente, où nos appelés se sont montrés d'admirables soldats ; à leur départ, leur moral était aussi vaillant qu'au premier jour.

Dans le combat normal, lorsqu'un accident fortuit ne se présente pas, le succès s'obtient, en guerre coloniale, sans s'acheter trop cher.

Et c'est compréhensible, malgré que les Marocains

et surtout les Chleuhs soient très braves, très mordants et fort bien armés.

C'est le triomphe de l'ordre, de la méthode, de l'organisation qui assurent l'harmonieuse cohésion et la convergence des efforts ; de la solidarité qui cimente la confiance de tous.

C'est la sanction des mesures judicieuses qu'une race supérieure emploie pour imposer sa volonté.

Que ces mesures manquent, et la mortalité prend tout de suite des proportions considérables.

A quoi devons-nous le chiffre relativement élevé de nos pertes ?

A quatre accidents, dans lesquels la volonté du commandement a été transgressée ou mal comprise, par suite de quoi des unités se sont engagées sans l'appui des unités voisines.

Le 15 mars, une compagnie du 8e sénégalais, flanc-garde de droite, malgré l'ordre écrit et répété, prend un objectif divergent, perd la liaison et est assaillie en plaine par une trombe de cavaliers smala ; elle perd son capitaine et, jeune troupe, se désorganise. Par la brèche ouverte, l'ennemi se rue, et les compagnies du 4e zouaves de l'arrière-garde, la compagnie A. M. Simonet et la compagnie sénégalaise Velle de la réserve ont beaucoup de mal à rétablir la situation.

Coût : 14 tués et 49 blessés pour un effectif de moins de 900 hommes.

Le 28 avril au soir, deux compagnies sénégalaises du 8e colonial, qui ont été lancées sur les crêtes, en vue de coopérer à l'attaque du col Blanc, ne se replient pas (ordre mal compris) sur une réserve disposée à cet effet.

Surprises par une attaque de nuit des Chleuhs, elles perdent une grosse partie de leur effectif et ne sont sauvées que par l'intervention énergique du goum Delhomme, qui accourt au danger en pleines ténèbres et repousse les Chleuhs.

Le 8 juin, l'offensive inconsidérée de la cavalerie nous coûte, sur une centaine de cavaliers, 21 tués, dont 2 officiers.

Le 10 juin, tout à fait en fin de journée, au moment où on pouvait considérer le combat comme terminé, une irruption de Chleuhs enlève un élément d'arrière-garde mal relié; coût : 41 hommes, dont 1 officier et 12 zouaves.

C'est donc une centaine de tués et environ 150 à 200 blessés à enlever au total, pour obtenir la moyenne normale.

Il ne resterait plus comme pertes, pour l'ensemble, qu'environ 300 à 350 hommes hors de combat, pour 18 engagements, ce qui n'est pas excessif pour une campagne coloniale.

A l'appui de ce raisonnement, prenons le 1er groupe qui, le 8 juin, a fourni tout l'effort, ayant été seul engagé, renforcé des zouaves du 3e et qui est seul entré dans la casbah de Mouha-ou-Saïd (le groupe Mathieu et le reste du groupe Betrix étant restés en arrière avec le 75 qui ne pouvait passer).

Il ne perd ce jour que 3 tués et 24 blessés.

Le 10, le 1er groupe formant arrière-garde est accroché depuis le matin jusqu'à 15 heures; il a un très dur combat contre 3.000 Chleuhs, avec un précipice à dos; il peut cependant rompre le combat sans abandonner un seul homme et ne perd que 3 tués et 36 blessés.

X

DU RENDEMENT DES TROUPES

Sous la menace des épidémies, avec les traîtrises du climat, il est impossible d'imposer aux Européens le port du sac. On attribue aux unités des chameaux d'allègement qui portent en outre les ballots de couvertures, ce qui augmente d'autant les impédimenta.

Mais les troupes allégées prennent une légèreté et une endurance remarquables. Plus que partout ailleurs, les troupes remportent des succès autant avec leurs jambes qu'avec leurs armes. On est étonné devant les résultats que la force morale peut en obtenir.

Le 26 mars, à Botmat-Aïssaoua, la colonne Mangin part à minuit, marche et combat jusqu'au soir. Les compagnies Brunet, la 3e compagnie A. M. Simonnet et l'escadron Deschamps, qui formaient l'arrière-garde, rentrent au camp à 5 heures du soir, soit dix-sept heures de marches et combat sans arrêt.

Le 8 juin, à Ksiba, la colonne Mangin part à minuit, le 1er groupe continue de Sidi-Ben-Daoud sur Ksiba, pousse sur Tersift, kasba de Mou-Haou-Saïd, l'incendie et rentre au camp de Sidi-Ben-Daoud à 7 heures du soir, après dix-neuf heures de marches et combat sans arrêt.

L'étude du journal de marche établit que, pour chaque journée de combat, les troupes sont restées en général de douze à quatorze heures sous les armes.

Et cependant, la morbidité n'a pas été excessive,

grâce à l'arrivée très régulière des approvisionnements, grâce aussi aux nombreuses prises sur l'ennemi, qui ont permis d'alimenter copieusement les troupes; grâce enfin à la précaution prise, avant le départ de la colonne, d'exiger de tous la piqûre antityphoïdique, qui a nettement montré sa réelle efficacité.

XI

REMARQUES SUR LA CAVALERIE

Il ne peut être question de demander à la cavalerie les mêmes services qu'en Europe; elle ne peut fournir aucune exploration, chaque petit groupe isolé étant enlevé et massacré. Elle ne peut donner que la sûreté immédiate. La question explorations, informations, incombe exclusivement au service des renseignements qui dispose d'agents de renseignements, d'émissaires, et possède des intelligences dans le pays.

Mais ce service de sûreté immédiate a un double but à remplir :

1° Garantir les troupes d'une surprise tactique;

2° Tenir à distance les tirailleurs ennemis qui tenteraient de tirer sur la colonne.

Quelques tireurs, en effet, dissimulés et souvent invisibles pourraient profiter du terrain pour harceler la colonne et la cribler de balles, sans qu'elle puisse riposter contre un ennemi aussi dilué. Cela causerait des pertes et énerverait les troupes, au détriment de leur moral et de leur capacité de marche.

La cavalerie formant un rideau continu, assez éloigné, déjoue cette manœuvre.

Elle prend, elle aussi, une formation très ouverte et, n'ayant pas le temps de descendre pour tirer, fera du tir à cheval.

Ce tir à cheval est bien la pire des choses, et ses inconvénients sont multiples; le premier, c'est qu'il provoque une consommation très forte de munitions et qu'il ne cause à peu près aucune perte à l'ennemi; mais il l'impressionne assez pour l'empêcher de s'avancer trop, et ainsi le but poursuivi : la protection de *l'infanterie,* est atteint.

En ce qui concerne la cavalerie, cette formation à grands intervalles est assez peu vulnérable et, la mobilité aidant, les pertes sont peu appréciables.

A partir du moment où des objectifs sérieux se présentent, la cavalerie doit dégager le front lestement et, au besoin, rentrer dans le dispositif de marche, si l'attaque vient de partout.

Il s'agit, en effet, de ne pas gêner l'infanterie et de lui laisser la disposition entière de ses champs de tir.

Le rôle de la cavalerie est-il alors fini? Nullement!

Elle peut, suivant les circonstances, agir comme troupe de combat. C'est au chef à l'employer à propos : utilisée au moment opportun, elle peut rendre *d'inappréciables* services :

Le 2 mars, au combat de Biar-Mezouis, l'escadron Deschamps appuie l'attaque en couvrant la droite et en prolongeant son action; après le changement de front, il passe à gauche et assure la sécurité du flanc, permettant de souffler aux compagnies coloniale Duchemin et 8e marocaine d'Ivry, qui viennent de fournir une violente contre-attaque.

Le 3 mars, au combat de l'Oued-Zem, le 1er groupe est réparti sur 2.500 mètres de front; la fraction Rivet attaque le mamelon Zerda, tandis que la fraction Brunet fait face sur les collines au nord et rompt le combat pour rejoindre en plaine. Les compagnies Requiston et d'Ivry assurent la liaison, sur un front trop large pour elles; l'escadron Deschamps bouche le trou de la ligne de bataille et prolonge la ligne de feu avec ses carabines.

Elle peut même être employée en dehors de la colonne :

Le 26 mars, à Botmat-Aissaoua, la colonne Mangin est engagée dans une vallée conduisant au camp de Moha-ou-Hammou. Depuis plusieurs heures, le 1er groupe refoule victorieusement les Marocains qui reculent désorientés.

Tout à coup on voit, dans le lointain, le camp du Zaiani; si l'infanterie est seule pour y arriver, elle y arrivera trop tard.

La cavalerie est lancée, surprend le camp en plein déménagement, y répand la panique et se cramponne ensuite au sol par le combat à pied pour donner à l'infanterie le temps d'arriver.

Le 7 avril, à Kasba-Tadla; les Chleuhs et Aït-Roboa, qui étaient avec Mou-Haou-Saïd sur la rive droite avec leurs troupeaux, repassent l'oum Er-R'bia à la hâte, au pont de Kasba-Tadla, surpris par la soudaineté de notre offensive. Depuis le matin l'avant-garde du 1er groupe bouscule sans trêve les forces marocaines qui luttent désespérément pour gagner du temps. A 5 ou 6 kilomètres du pont, les dernières résistances disparaissent; l'opération va être manquée, tous les troupeaux vont repasser sur la rive gauche.

La cavalerie est lancée par le colonel Mangin pour se saisir du pont et tenir le débouché jusqu'à l'arrivée de l'infanterie. Le lieutenant-colonel commandant l'avant-garde la fait suivre au galop par son artillerie. Jolie action de cavalerie, succès considérable.

Le 11 avril, Beni-Mellal. Quand le but est moins précis et que l'ennemi est moins dissocié, le risque peut devenir gros de conséquences. Il est bien certain que la charge de Beni-Mellal ne s'imposait pas, puisqu'elle n'avait pas d'objectif vulnérable, que le terrain était impossible, que l'ennemi était abrité et que le sacrifice était inutile. Résultat tactique nul ; pertes minimes, et c'est une chance, mais beaucoup de chevaux tués sans profit.

Le 27 avril, à Aïn-Zerga, très judicieux emploi de la cavalerie, exploitation du succès. La harka de Sidi-Bou-Brahim, après avoir harcelé notre marche d'Oued-Zidou à Aïn-Zerga, se décide à nous attaquer au milieu de la journée, au moment où nous formions notre camp. Le colonel Mangin, commandant la colonne, monte une puissante contre-attaque qu'il déclanche avec une violence décisive.

La harka, broyée par le feu d'artillerie et des mitrailleuses et ramenée en plaine, la baïonnette dans les reins, par l'infanterie qui pousse à toute vitesse, s'enfuit complètement dissociée, faisant de grosses pertes.

La cavalerie appuie la gauche de l'attaque.

Au moment où le colonel Mangin juge le désordre à son comble, il lance la cavalerie sur la cohue des fantassins chleuhs en déroute. La charge se poursuit pendant 8 à 9 kilomètres et ne s'arrête qu'à la nuit, abattant plus de 150 Marocains à la pointe du sabre, opération superbe, effet moral énorme.

Le 8 juin, à Ksiba. Cette fois, l'emploi de la cavalerie était parfaitement à rejeter; la sanction, hélas! a été rude!

Nous entrions dans les montagnes, vers un objectif que l'on supposait à quelque 15 kilomètres, mais dont on ignorait l'emplacement exact. La place de la cavalerie était dans la colonne. Ne pouvant être utile nulle part, elle n'était plus qu'un impedimentum de plus, à transporter « comme un colis ».

Deux fois, au cours de cette matinée néfaste, l'inopportunité s'était faite sentir de mettre la cavalerie en avant.

La première fois, lorsque au lever du jour, à hauteur de Rhorm-El-Alem, l'ordre avait été donné à la cavalerie de prendre les devants; elle n'avait pas fait 500 mètres que, reçue, des rochers qui surplombaient, par un feu nourri, elle avait été bien heureuse de courir chercher un refuge derrière les murs de la kasba du village. Elle laissait ainsi heureusement le champ libre aux coloniaux de l'avant-garde, qui avaient vite fait d'enlever les crêtes.

La seconde fois, au moment où, vers la moitié du chemin, l'avant-garde s'était vue submergée, puis dépassée par une marée de cavaliers spahis et partisans.

Ce passage de la cavalerie en avant, dans une vallée n'ayant pas plus de 1.000 à 1.500 mètres de large, bordée de crêtes escarpées, ne pouvait avoir que des conséquences fâcheuses. Si elle était restée dans les jambes de l'avant-garde, elle devait l'empêcher de voir clair et de faire usage de ses armes; si elle s'échappait, elle risquait de se trouver bientôt isolée et trop loin de tout secours, aux prises avec un ennemi ni battu, ni démoralisé.

Mais certaines considérations, autres que des considérations militaires, ont pu influer sur le commandement et l'amener à donner l'ordre au brillant commandant de la cavalerie, qui brûlait de trouver l'occasion de combattre.

Pour des raisons politiques, le colonel avait amené avec lui 1.200 partisans, nos ennemis d'hier, qui ne nous avaient accompagnés que dans l'espoir du pillage et qui s'accommodaient fort mal d'être bridés derrière l'infanterie. Leur présence turbulente, trop près de la marche de nos colonnes, pouvait être de nature à entraver la facilité de la manœuvre.

Il est probable que cette raison, parmi beaucoup d'autres, a contribué au déclanchement de cette masse de cavaliers.

Quoi qu'il en soit, voilà cette cavalerie partie, les spahis en tête, le sabre à la main??? Les partisans derrière, ivres de joie d'aller faire « baroud ». Toute cette cohue dévale tant que cela peut marcher.

On a mis le sabre à la main, on ne sait pas pourquoi; on ne sait pas où est exactement la kasbah de Mou-Haou-Said, et, si l'on reçoit des balles venant des crêtes, on ne voit rien devant soi.

On ne sait pas si le terrain est praticable... Pour le moment, il y a au milieu de la vallée une bande de terrain plat, couverte d'orges jaunissants, large de 500 à 600 mètres, qui paraît longue et sur laquelle il fait bon galoper.

On galope donc 7 à 8 kilomètres... et l'infanterie, hélas! derrière, ne marche qu'à 4 kilomètres; on gagne sur elle une grande heure!

Tout à coup, des escarpements à droite, non reconnus, et qui ont 60 mètres de haut, part une fusillade violente qui jette du monde par terre. Les partisans se défilent sur la gauche, pour éviter les coups et « lâchent » nos cavaliers... on ne peut pas trop exiger de ces amis trop neufs.

Les spahis continuent de plus belle et vont finir dans ce guêpier entre Ksiba et Tersift, terrain de ravins impossibles, où la cavalerie va faire du combat à pied, brûlant jusqu'à la dernière de ses 120 cartouches par homme, où elle se voit entourée de partout par une ruée de Chleuhs courant à la curée.

On connaît le douloureux calvaire de l'escadron Deschamps, chargé de faire un repli de feux sur la crête au nord, formidable chaos de rochers et d'épines où le commandant Piquart et le lieutenant Mazembert trouvent une mort glorieuse, mais hélas! inutile, où les hommes sont massacrés sans pouvoir seulement se défendre, où l'escadron perd plus de la moitié de ses chevaux.

L'avant-garde d'infanterie, qui a forcé l'allure et qui arrive enfin, ne peut que recueillir les blessés et les morts!!!

Peut-être, au moment où l'imprudence devenait évidente, eût-on pu éviter le désastre en faisant nettement demi-tour à cheval, le sabre à la main, et en passant sur le corps des Chleuhs qui barraient le passage.

L'emploi de la cavalerie est une chose délicate : une fois partie, elle ne se reprend plus, l'occasion est presque toujours fugitive; il faut que la décision soit immédiate, et cependant il faut que cette décision soit le fruit d'une réflexion rapide où le bon sens, le clair jugement, l'expérience et l'ardent esprit cavalier font la part des contingences et des impondérables et donnent en un clin d'œil la solution juste.

C'est l'étude des engagements de la cavalerie qui fait acquérir cette gymnastique d'esprit permettant de saisir aussitôt ce qu'on peut faire et ce qu'il ne faut pas faire.

Sans la sanglante équipée de la cavalerie, la journée du 8 juin eût été un gros succès; il n'eût peut-être pas été nécessaire de revenir le 10, et l'ensemble de l'opération n'eût pas comporté le total des pertes qui ont tant émotionné — à tort — l'opinion, à Casablanca et en France.

XII

REMARQUES SUR L'ARTILLERIE

L'artillerie à tir rapide a été faite pour la guerre d'Europe; elle est destinée à exercer un feu donnant immédiatement une efficacité décisive sur des objectifs toujours suffisants. C'est à l'artilleur à combiner, sur l'objectif qui lui a été indiqué, les tirs progressifs, par hausses échelonnées, en surface, par rafales, etc. En raison des énormes déploiements d'artillerie et des masses d'infanterie jetées les unes contre les autres, il existe constamment des moments où, quelles que soient les formations employées, l'artillerie trouve l'emploi utile de ses projectiles.

Au Maroc, il en est tout autrement, en général. Sauf dans quelques engagements, les 15 mars, 27, 28 et 29 avril, et 8 et 10 juin, où l'ennemi a attaqué avec acharnement, sans craindre l'abordage, et sans se soucier des pertes, le Marocain utilise admirablement le terrain et trouve le moyen d'exercer sur nos troupes un tir très efficace, en offrant lui-même très peu de prise aux coups.

Il se présente toujours un moment où l'on est las de recevoir des coups, sans pouvoir les rendre; de voir à quelque 800 à 900 mètres des essaims de cavaliers très dilués tirer sur la colonne et obtenir des résultats; de sentir invisibles, mais fort nuisibles, les fantassins qu'ils ont déposés; de sentir la mort qui passe, effleurant tous ceux qu'elle ne frappe pas.

Et alors, le plus honnêtement du monde, on signale de *gros groupes*, quand on voit des groupes de 8 à 10 cavaliers, et on ouvre le feu sur eux. Comme le feu n'a pas été répéré, on ne les atteint pas, ils se dispersent; les coups de réglage ne trouvent *plus personne*, et cela recommence.

De même pour la distance; on ouvre froidement le feu à 4.000, 5.000 et 6.000 mètres; bien heureux quand on n'ouvre pas le feu contre des objectifs à 7.000 mètres, que l'on apprécie mal, à cause de la clarté de l'atmosphère.

Souvent tout le monde commande, et on prend l'habitude de tirer — par pièce — sur tel ou tel fanion qui cavalcade sur une crête; on fait des cartons!

Cette manière de faire, détestable, découle d'un principe juste en soi : tenir l'ennemi loin de l'infanterie, pour qu'il lui inflige peu de pertes; mais, dans l'application, elle donne de déplorables résultats.

En particulier, celui de discréditer l'artillerie aux yeux des indigènes qui, fort effrayés au début par le bruit formidable de l'explosion, ont fini par s'y familiariser et se disent après tout que cela ne cause pas beaucoup de mal.

Parfois un homme est atteint, c'est fort beau; mais souvent une balle bien dirigée ou une bande de mitrailleuses seraient arrivées au même résultat, puisque c'est à portée de fusil que l'on se bat ici.

« Votre canon est bien ennuyeux, nous dit un Beni-Zemmour, il nous tue quelquefois du monde, mais il fait surtout peur aux chevaux »; et Abdallah-Ben-Djabeur, le chef de guerre des Beni-Amir, en nous racontant qu'il a essuyé, le 15 mars, des coups de 75, conclut ainsi : « Ce qu'il a de plus désagréable, c'est qu'il sent bien mauvais. »

La mitrailleuse, au contraire, « fusil sans nerfs », inspire aux Marocains une sainte terreur; elle tue infailliblement, sans réglage bruyant, et ils en ont eu maintes fois la sanglante preuve.

Il serait temps que l'on rendît à notre canon de 75 et à celui de 65 le respect auquel ils ont droit.

Tout vient de l'emploi inconsidéré que l'on en a fait au début des colonnes au Maroc.

Obligé d'obtenir tout de suite une efficacité suffisante, il est possible de supprimer souvent le réglage par le feu qui fait évanouir les objectifs dès les premiers coups. Comme on ne doit jamais tirer de loin, on peut en effet obtenir la distance exacte des télémètres des sections de mitrailleuses voisines.

D'autre part, comme on ne peut vraiment obtenir d'effets utiles qu'en tirant sur des objectifs suffisants, il faut se procurer ces objectifs. Le colonel Mangin les obtenait par la manœuvre. Il faisait replier prestement ses éléments d'avant-garde ou d'arrière-garde, et lorsque l'ennemi, croyant à une retraite, rameutait en masse pour fournir une vigoureuse poursuite, il le prenait sous un foudroyant tir d'efficacité pour lequel il avait rassemblé toute l'artillerie (le 10 avril à Zidania; le 12 avril, à la Dechra des Beni-Amir; le 28 avril, sur les crêtes de Sidi-Bou-Brahim).

D'ordinaire, la contre-attaque d'infanterie suivait; chaque fois le succès était décisif et les pertes ennemies considérables.

XIII

REMARQUES SUR LE TIR D'INFANTERIE

LES MAROCAINS.

Les Marocains tirent mal de loin; ils jettent leur coup de fusil. De près, au contraire, leur grande habitude de la chasse donne à leur tir une réelle efficacité. Les adversaires à qui nous avions affaire étaient très bien armés et avaient beaucoup de munitions, ce qui leur a permis d'entretenir un feu violent et de soutenir des combats de deux à trois jours. Bien entendu, ils n'emploient que le tir individuel; cependant, à Ksiba, j'ai nettement distingué des essais de feux de salve. Cet essai de tir à commandement indique bien que ces gens ont un embryon d'organisation, ce que prouve d'ailleurs leur manière de se rassembler, sorte de mobilisation, et leur manœuvre sur le terrain qui semble découler de la volonté d'un chef. Ils savent merveilleusement utiliser le terrain, depuis les grandes distances, et emploient d'une manière remarquable l'ordre dispersé.

La diversité des armes était extrême : depuis le moukala des Meskin jusqu'aux carabines Winchester, Lee Medford, etc., etc., en passant par le Martini Henry, par le Remington, le 74, le 86 dont ils possèdent un assez grand nombre.

Comme tout le monde, ils sont accessibles à l'émotion, et leur tir à courte distance perd toute efficacité quand on va délibérément à eux, en dehors de quelques braves qui attendent leur homme à dix pas et se font tuer sur place. Le 12 avril, la contre-attaque des zouaves du 4e, conduite par le commandant du 1er groupe et qui poussait au pas de charge, sans tirer, la baïonnette au canon, n'a presque pas eu de pertes à partir du moment où elle a été à 200 ou 300 mètres de l'ennemi.

Quand ce sont eux qui attaquent, au contraire, ils vont parfois jusqu'à l'abordage ; le feu n'est pas suffisant pour les arrêter, il faut la contre-attaque à l'arme blanche.

Les attaques du 15 mars ont été furieuses ; cavaliers et fantassins ont été tués à 10 mètres de la ligne de feu.

Les longues plaines ondulées du Tadla ont donné toute l'importance aux effets de la rasance : les trajectoires épousant presque les formes du terrain, et les projectiles allant blesser ou tuer dans les vallonnement les hommes des réserves et du convoi. Au contraire, dans les terrains escarpés de Sidi-Bou-Brahim et de Ksiba, les balles étant fichantes, l'effet utile en a été fort diminué. Au cours de ces journées où l'ennemi a fait une dépense de munitions énorme, le pourcent des pertes aurait été minime s'il n'y avait pas eu pour l'augmenter les deux douloureux accidents de la cavalerie et de la compagnie sénégalaise.

On peut se demander comment les Marocains peuvent s'approvisionner aussi abondamment.

Par la contrebande de guerre d'abord, qui apporte, de la zone espagnole, du Sous..., et peut-être de Casablanca? des convois entiers de chameaux remplis d'armes et de munitions. En période de guerre, les cartouches se vendent à pleins « chouaris » sur les marchés, et leur achat constitue une grosse dépense pour les Marocains qui les paient de 0 fr. 75 à 1 franc pièce. Aussi, par économie, quand ils ont affaire à toutes les cartouches de 11 millimètres : Gras, Martini, Remington, etc..., toutes armes de la même époque, ils gardent les étuis, n'achètent plus que des capsules et du plomb et réfectionnent 5 à 6 fois; ils tirent des cartouches dont les collets sont parfois complètement usés et éclatés. Cela perd de son efficacité, mais cela tue tout de même très proprement.

Leur souci de s'armer de plus en plus avec des armes à tir rapide va certainement leur causer de gros déboires, car il ne peut être question de réfectionner des cartouches de 8 milimètres, travail trop délicat, pour lequel ils ne sont pas outillés. Des balles de plomb, mises dans ces armes, franchiraient les rayures et perdraient toute portée et efficacité. Peut-être même la chaleur développée les ferait-elle fondre en partie.

Ces armes à tir rapide ne peuvent être que le privilège des riches. Cela n'a d'ailleurs aucune importance, parce qu'aux distances moyennes, la balle 74 tue mieux que la balle D du 86.

COTÉ FRANÇAIS.

Le feu employé de préférence a été le feu coup par coup à volonté. On a cependant souvent employé le tir des meilleurs tireurs, par équipe, ceci aux grandes distances. Les feux de salve étaient quelquefois employés, mais par quelques unités seulement, l'ennemi à qui on avait affaire étant trop dilué.

La diversité des troupes qui composaient la colonne faisait que les manières de tirer étaient complètement dissemblables :

Certaines fractions sénégalaises, algériennes et même européennes, insuffisamment instruites, tiraient trop vite et sans grande efficacité, mais c'était exceptionnel ;

Les coloniaux économisaient leurs munitions et obtenaient d'excellents résultats;

Les zouaves du 4e tiraient avec la même économie et étaient devenus des soldats parfaits;

Les chasseurs du 14e également;

Les Sénégalais du 9e (Expert-Besancon, Vallot), grâce à la remarquable composition de leurs cadres, étaient arrivés à une discipline du feu remarquable : ils étaient parvenus à manœuvrer avec grand ordre, à progresser sous le feu sans tirer, à rompre le combat avec calme et précision. Ils étaient complètement dans la main de leurs chefs (c'est le plus bel éloge à faire de ces derniers);

Les unités auxiliaires marocaines, tout à fait remarquables comme intrépidité, un peu difficiles à reprendre au combat, une fois qu'elles étaient lancées, avaient pris, avec le capitaine d'Ivry et le lieutenant Simonet, une véritable discipline du feu.

Le *tir à répétition* a été souvent employé, précédant les contre-attaques. Chaque fois qu'après un tir à répétition, la ligne s'est portée en avant à la course, la baïonnette au canon, les Marocains comme les Chleuhs se sont enfuis.

A Ksiba, le 10 juin, à la contre-attaque du 1er groupe, sur la falaise, les Chleuhs se sont enfuis jusqu'aux montagnes, à plusieurs kilomètres de là. Ce même jour, au moment où les derniers éléments restés sur le bout de la falaise ont eu à descendre, ils ont exécuté un feu rapide à toute vitesse et immédiatement se sont jetés dans la pente pendant que le repli prenait aussitôt sous son feu les crêtes où se précipitait l'ennemi.

Pendant les attaques de nuit, nous avions adopté le principe de ne pas tirer et d'attendre dans les tranchées, la baïonnette au canon, prêts à recevoir à bout portant par une première décharge et à ne plus travailler que de la pointe.

C'étaient les dispositions que nous avions adoptées le 9 juin à Sidi-Ben-Daoud : mitrailleuses aux angles avec tir repéré ; réserves partielles derrière chaque face, réserve générale au centre, toutes les tentes abattues, les armes montées à la tête des chevaux ; toutes les réserves la baïonnette au canon, culasses ouvertes, défense de tirer.

La ruée des Chleuhs qui nous était annoncée n'eut pas lieu (elle eût été intéressante, leurs rassemblements en montagne, à quelques kilomètres de nous, étant fort importants).

XIV

DU MORAL DES TROUPES

En cette époque troublée, on se demande parfois quelle sera l'attitude de nos jeunes troupes, en butte aux fatigues et aux privations d'une campagne d'Europe et soumises aux angoissantes épreuves du feu.

Quatre mois passés au milieu des hommes, dont un tiers au moins était composé d'appelés, trempent l'âme et donnent un chaud réconfort; nous pouvons envisager l'avenir d'un œil fier et confiant.

RÉSISTANCE A LA FATIGUE.

Nous avons vu, au chapitre du rendement des troupes, l'immense force morale qui a permis à nos troupes de fournir dix-sept heures, puis dix-neuf heures de marche et de combats, sans arrêt, sans manger et avec seulement de l'eau dans leurs bidons.

Le 26 mars, à la fin de ce colossal effort, ce sont les deux compagnies de bataillon Brunet, du 4e zouaves, des appelés, qui, avec la compagnie Simonet, couvrent l'arrière-garde, sans un traînard; la gaieté ne cesse de régner.

Le 27 avril, à Sidi-Bou-Brahim, les deux mêmes compagnies (capitaine Torlotting — le commandant Brunet avait été blessé le 17) étaient à l'avant-garde. Parties le matin, elles abordent la montagne et se heurtent à une résistance invincible; toute la journée, elles sont fusillées sans pouvoir atteindre la crête, elles ont 7 tués dont un des capitaines, et 32 blessés;

à la nuit, elles se cramponnent au terrain et la passent sans manger, en pleine obscurité, le fusil entre les jambes sous les balles qui pleuvent des crêtes. Le lendemain, après avoir un peu mangé et dormi, il n'y paraît rien, tout le monde est prêt à marcher.

Ce même jour, le bataillon Marty, du 14e chasseurs, qui faisait aussi partie de l'avant-garde, aborde la montagne par un escarpement à pic ; par des miracles d'adresse et de volonté, une compagnie escalade la crête, tuant les Chleuhs qui l'occupent et perdant plusieurs blessés. La crête est étroite, il n'y a pas un abri ; de toutes les crêtes en face, on les fusille ; la compagnie se maintient toute la journée, perdant du monde ; la section de mitrailleuses du lieutenant Gard, qui a été hissée, perd son sous-officier, un de ses pointeurs, plusieurs chargeurs et convoyeurs ; pas un instant, il ne vient à l'idée de cette troupe qu'elle pourrait quitter son poste pour se mettre à l'abri. Pendant vingt-cinq heures, les compagnies du 4e zouaves et le bataillon du 14e chasseurs tiennent le front sans une défaillance.

RÉSISTANCE AU CLIMAT ET AUX PRIVATIONS.

Le climat est très inégal au Maroc ; à Dechra-Braksa, en mars, il fait un temps affreux, bise aiguë, froid glacial. La terre est détrempée, on couche par terre, sous la petite tente, dans la boue.

En mai et juin, sur les rives de l'oum Er-R'bia ; sur les plateaux des Beni-Amir ; à Kasbah-Tadla ; à l'oued Zem, c'est la fournaise ; aussi appelle-t-on, dans le pays, Kasbah-Tadla « l'Enfer du Tadla » ! En plus des rayons implacables de ce soleil de plomb, voilà le siroco qui se met de la partie et, de jour et de nuit, les tentes sont secouées par un vent furieux qui soulève la poussière en tornades irrespirables ; c'est difficile de se reposer ; on y arrive quand même.... ! Le mois auparavant, en mai, on avait passé au camp de Kasba-Tadla quinze nuits sous les balles, on avait trouvé quand même le moyen de dormir.

Et comme confort matériel, la petite tente; pas d'effets de rechange, et ceux que les hommes possèdent sont en loques. On n'a que le vêtement kaki, il a servi pendant les temps froids, il sert pendant les chaleurs... quand je dis il sert, je veux dire *ce qui en reste* sert pendant les chaleurs, car le délabrement des effets est inénarrable ; plus d'étoffe aux genoux, plus de fonds aux culottes qui laissent flotter insolemment le drapeau victorieux des pans de chemises. Ce ne sont que des prétextes à lazzis et plaisanteries, car la joyeuse humeur française ne perd jamais ses droits.

Plus de souliers..., la marche incessante sur les rocs aigus a fini par arracher les semelles, très peu ont des chaussures intactes ; on raccommode avec du fil de fer, de la ficelle; les plus heureux ont pu acheter des espadrilles aux mercantis.

Les unités ont bien demandé d'urgence des envois d'effets, mais Casablanca est loin ; et puis on ne sait jamais où on sera demain; enfin les dépôts ne mettent peut-être pas toujours la hâte désirable.

Les hommes en rient, on leur dit que c'est sans souliers que l'armée d'Italie a débuté, avant de se porter à la conquête de l'Europe ; ils ne veulent pas montrer un moindre moral que leurs aînés.

Leur attitude au combat.

Etudions aussi dans quel milieu se trouve le soldat pour faire usage de ses armes.

Un sifflement incessant aux modulations différentes remplit l'air. Les balles des différents calibres ont chacune leur musique particulière.

La balle du moukala ronfle et roule dans l'air lourdement : « Frrrrro... u u ! »

Celle du Martini Henry, du Remington, celle du fusil 74 ont un honnête sifflement : « Pfuit ! »

La balle de 86, la balle D a l'air plus méchante, c'est plus aigu et plus strident : « Psii... it ! »

La Lee-Medford et les armes de petit calibre à répétition sifflent comme des vipères et produisent souvent un claquement sec comme un coup de fouet de charretier. Il faut y joindre l'éclatement bruyant lorsqu'elles rencontrent des rochers et le bruit, sec comme un violent coup de bâton appliqué à toute volée, que font les balles qui frappent le sol à vos pieds.

Tous ces bruits, mêlés au martelage incessant des détonations qui crépitent comme la friture dans la poêle, couverts souvent par les éclats violents du « Brutal » et l'âpre et déchirante plainte de ses obus tirés par-dessus l'infanterie, constituent une harmonie étrange qui crée l'ambiance du terrain de combat.

On parle beaucoup des cris des mourants et des blessés pour agir sur le moral des troupes : cela doit être vrai dans la guerre d'Europe, où il y a en certains points des hécatombes. Dans une guerre coloniale, même meurtrière comme celle qui vient de se dérouler, peut-être parce que la mort ne frappe pas d'une façon massive, cette question ne paraît pas intervenir. Dans le vacarme décrit plus haut, on n'entend rien du tout; le combat tient toute l'attention et on n'a pas le temps de s'occuper des hommes qui tombent. On les emporte, et le service de santé est là pour les soigner et les mettre sur les cacolets..

Bien plus, par un sentiment d'égoïsme provenant de ce que tout le monde court le même danger, on laisse glisser un œil distrait sur les blessés couverts de sang qui passent, pour appliquer toute son attention à la lutte.

Comment les hommes se comportent-ils, soumis à l'épreuve du feu?

Fort bien, en général; tout ce petit monde s'en va gaillardement, la tête haute, avec le sentiment qu'en attaquant avec énergie on diminuera la crise. On ne « salue » pas, ou peu; le petit soldat français ne perd pas une occasion de rire et de plaisanter. En principe, quelque violent que soit le feu adverse, tant que les hommes attaquent à découvert ou agissent à découvert, du fait soit de leur tempérament guerrier, soit de l'exemple des camarades ou de la discipline du rang, ils ont une superbe attitude.

Lorsqu'ils sont à couvert et que les balles sifflent fort, il y a un moment, très court d'ailleurs, mais difficile, pour leur faire quitter l'abri.

L'idée que l'on ne peut être vaincu intervient puissamment dans ce robuste moral; les pertes pourront être plus ou moins fortes, mais l'ennemi sera battu.

Ce qui prouverait que, dans l'entrain d'une troupe,

le sentiment collectif intervient souvent plus fort que le sentiment individuel. C'est cette certitude d'être vainqueur qui lançait nos hommes en avant dans ces vigoureuses contre-attaques à la baïonnette qui terrifiaient si fort les Marocains et les Chleuhs, impulsion faite de toutes sortes d'éléments moraux, dont l'indignation d'un élément supérieur insulté par un élément inférieur.

C'est en effet, l'abordage seul qui fait fuir, le feu pouvant arrêter et fixer l'adversaire, mais non déterminer sa fuite.

J'ai eu l'occasion de me rendre compte du phénomène qui fait dire qu'aux petites distances le tir perd de son efficacité.

J'étais arrivé le 26 mars à Botmat-Aïssaoua avec la cavalerie qui avait précédé l'infanterie. Soumis à une violente contre-attaque des Marocains, les spahis, en petit nombre, avaient mis pied à terre et ouvert le feu sur l'assaillant qui n'était plus qu'à 400 ou 500 mètres. Terrain difficile; nos cavaliers à pied occupaient un petit mamelon allongé, position du tireur couché en arrière de la crête. Les balles pleuvaient de partout et copieusement. Et ne voilà-t-il pas que je remarque avec stupéfaction qu'après chaque coup de feu tiré sur l'ennemi, les spahis, inconsciemment, descendaient chaque fois un peu plus sur la contre-pente, et en fin de compte finissaient par tirer dans le ciel, croyant de bonne foi continuer à faire du mal à l'ennemi en visant toujours la crête !

L'arrivée de l'infanterie dénoua heureusement une situation qui commençait à devenir très critique.

Bien entendu, dans ces troupes composites, troupes blanches de métier et appelés français, mercenaires marocains, algériens, sénégalais, l'attitude au feu, toujours belle en général, est différente suivant la troupe.

Le colonial, lui, c'est un vieux routier qui la connaît et qui en a vu bien d'autres, rien ne l'épate : sang-froid, adresse au tir, intrépidité dans l'attaque et la défense ; on peut être sûr que la tâche qu'on lui aura donnée sera remplie et bien remplie.

Le Français, appelé 4e zouaves ou chasseur alpin (et 1er zouaves à Mogador) est plus impressionnable ; il met plus d'enthousiasme dans ses attaques, il se donne à plein cœur, mais il est jeune et moins résistant à la fatigue.

Le Marocain fera un admirable soldat de métier, bien supérieur à l'Algérien parce que plus intelligent et plus fait au climat, parce qu'il est aussi plus guerrier.

L'Algérien est excellent soldat, mais il tire mal.

Les Sénégalais ont une bravoure spéciale, faite de dévouement animal à leurs chefs qu'ils suivent partout et aussi de foi aveugle en leur *gri-gri* qui les préservera sûrement des balles ; ils tirent mal en général.

Un camarade tombe... « Lui pas malin, avait mauvais gri-gri. » Une balle perce la culotte d'un Sénégalais sans le toucher : « Lui bon gri-gri » ; la chose est toute commode et se réduit à cette formule simpliste : avoir ou non un bon gri-gri.

Somme toute, le meilleur soldat, et de beaucoup, c'est le soldat blanc, et c'est la morale de la question. Ayez des mercenaires pour appuyer vos Français, mais n'essayez pas de les remplacer par des mercenaires. Les Marocains le sentent si bien que, dans les combats du début de la conquête, quand ils avaient à s'engager contre nos troupes, ils prenaient comme objectifs les chéchias, c'est-à-dire nos Algériens, nos Sénégalais qui tirent mal et se battent moins bien, en évitant les casques, c'est-à-dire les Français qui tiraient bien, leur tuaient beaucoup de monde et avaient des ripostes à l'arme blanche trop meurtrières.

Pour conquérir le Maroc, n'ayant pas le moyen d'y mettre beaucoup de troupes blanches, il faudrait, comme je le disais dans mes notes, arriver à une sorte d'amalgame d'environ un cinquième d'Européens, deux cinquièmes de Marocains, deux cinquièmes de Sénégalais, les trois cinquièmes constitués par les blancs et les Sénégalais constituant la majorité capable d'assurer le loyalisme des deux cinquièmes marocains, qui, excellents guerriers, nous conquerront le Maroc.

Mais les uns et les autres n'agissent que comme cœfficient, le blanc seul forme le ciment de l'ensemble.

Et c'est pourquoi la question actuelle de l'armée noire — et un jour viendra celle de l'armée marocaine — pour défendre contre l'envahisseur le sol de la Patrie, nous mènerait aux tristes jours de Carthage, de la décadence de Rome et de Byzance, où les citoyens, n'ayant plus le ressort de combattre eux-mêmes pour leur pays, ont vu la ruine de leur empire.

C'est avec des Français que l'on sauvera la France.

Comptons d'abord sur nous-mêmes, et sur le génie de notre race, et ne considérons pas que le nombre est tout. Quelles que soient les différences d'effectifs sur le sol de la Lorraine, nos petits appelés, que j'ai pu voir au feu dans toutes sortes de circonstances de guerre, feront vaillamment leur devoir; notre armée nationale, qui représente l'âme de la France, nous libèrera du malaise dont nous souffrons depuis quarante-deux ans, parce que le choc de ces deux peuples ne sera pas seulement un choc matériel, mais aussi le choc de deux volontés, la lutte de deux volontés, la lutte de deux civilisations, et parce que la force morale de la France, qui s'est ressaisie et a décuplé sa foi en son avenir, encore une fois saura étonner le monde.

J. Magnin.

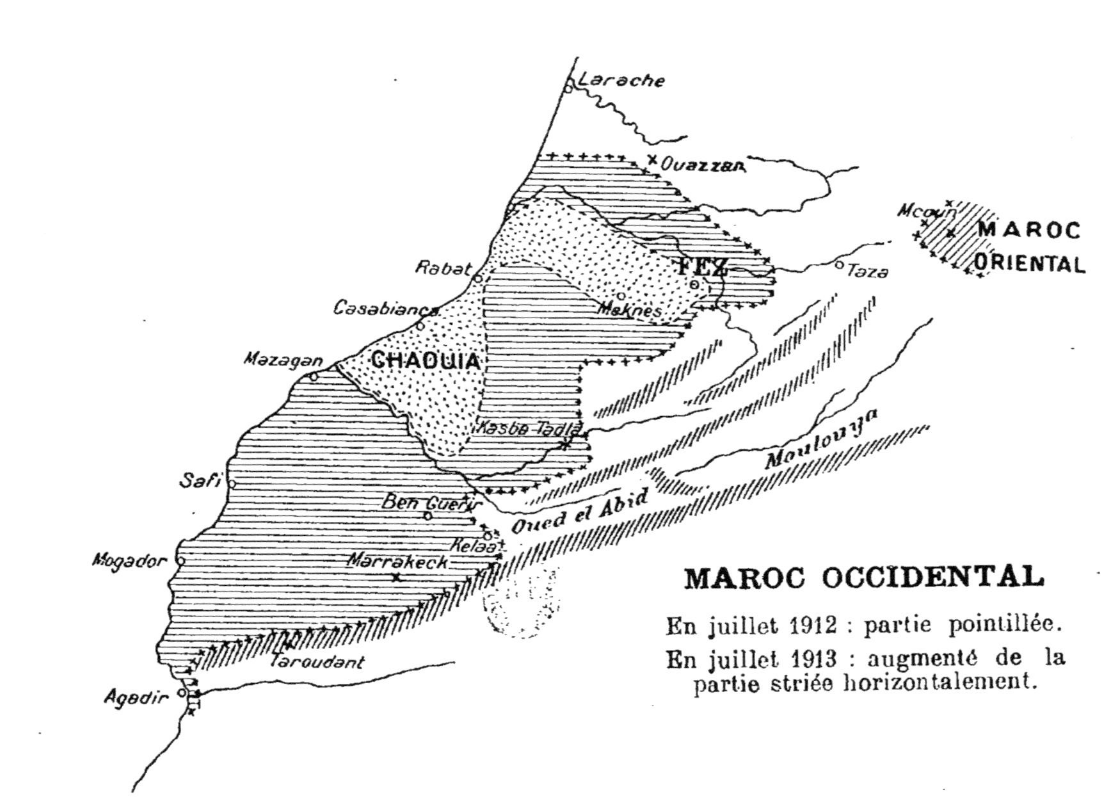

MAROC OCCIDENTAL

En juillet 1912 : partie pointillée.

En juillet 1913 : augmenté de la partie striée horizontalement.

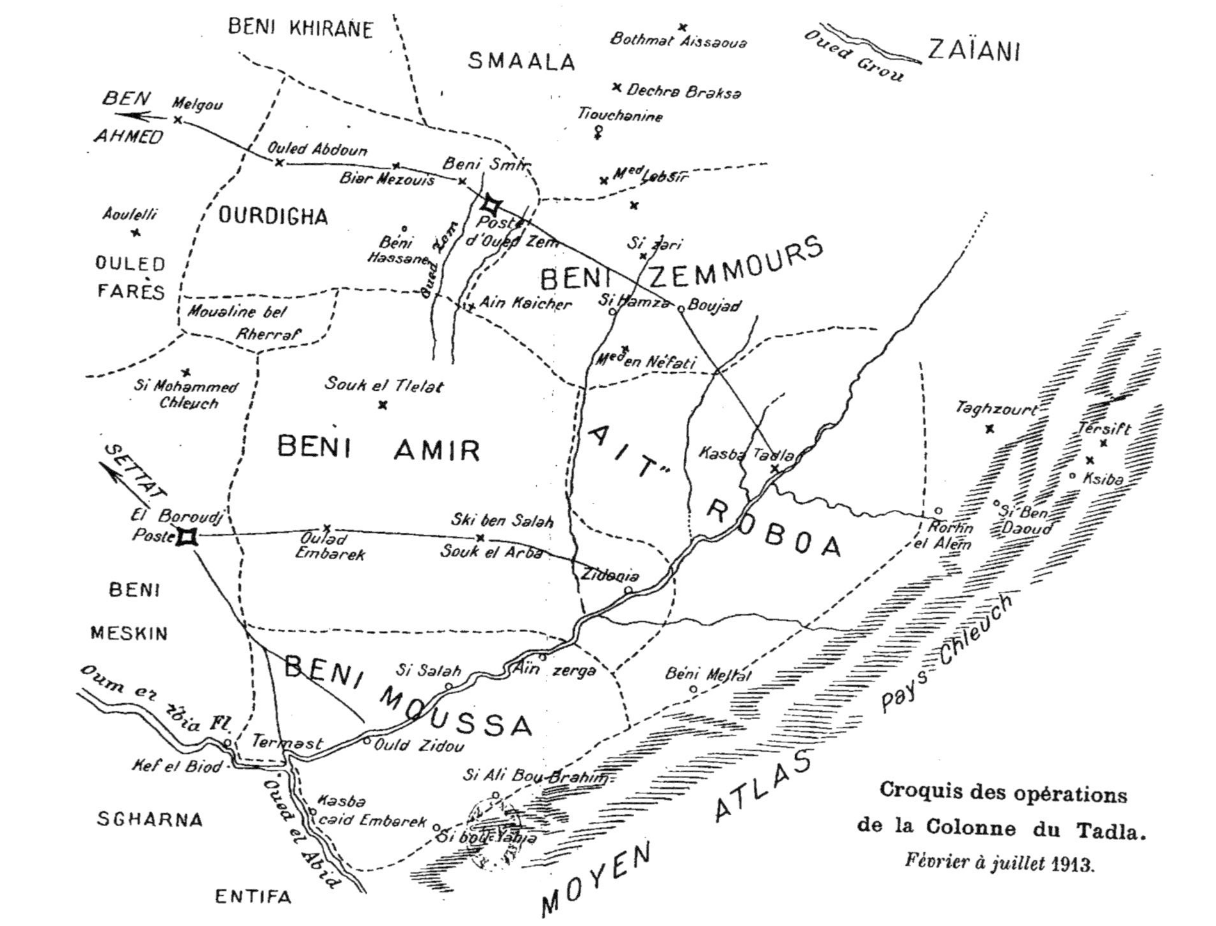

Croquis des opérations de la Colonne du Tadla.
Février à juillet 1913.

Paris et Limoges. — Imp. et libr. milit. Henri CHARLES-LAVAUZELLE.

www.ingramcontent.com/pod-product-compliance
Ingram Content Group UK Ltd.
Pitfield, Milton Keynes, MK11 3LW, UK
UKHW020340250726
13967UKWH00005B/2045

9 782012 879799